Kids

Este libro pertenece a:

_____

_____

Muchísimas gracias a nuestras editoras, Ada y Aissata,
y a Pontus por sus valiosas aportaciones.

Papel certificado por el Forest Stewardship Council®

Primera edición: marzo de 2024
Tercera reimpresión: agosto de 2025

Printed in Spain – Impreso en España

ISBN: 978-84-19511-63-8
Depósito legal: B-636-2024

Compuesto por Magela Ronda
Impreso en Gráficas 94, S. L.
Sant Quirze del Vallès (Barcelona)

PK 11638

ANNA SALVIA · CRISTINA TORRÓN

MENSTRUITA
mini

¡ASÍ SE HACE UN BEBÉ!

Kids

Hacer un bebé es una de las cosas más alucinantes que podemos hacer los seres humanos. Primero no existe, después crece dentro de la barriga y de pronto un día aparece como por arte de magia.

2 personas

¡Tachán!

9 meses después...

3 personas

Todos los animales tienen este superpoder, aunque cada uno hace los bebés a su manera:

Las aves ponen huevos y cuidan de sus crías.

Los insectos, los peces, los reptiles y los anfibios ponen huevos, pero, en general, no cuidan de sus crías.

Los mamíferos gestan a sus crías dentro del cuerpo y les dan el pecho.

Los seres humanos somos mamíferos y hacemos los bebés de la misma manera que cualquier otro mamífero: con dos ingredientes, una casita llamada útero y mucha leche.

Ingredientes

óvulo + espermatozoide

casita

Leche

CONCEPCIÓN

La fabulosa y trepidante aventura de cómo se juntan los ingredientes y llegan a la casa del bebé.

Para saber cómo se hacen los bebés, primero hay que conocer las partes del cuerpo que hacen posible algo tan maravilloso.

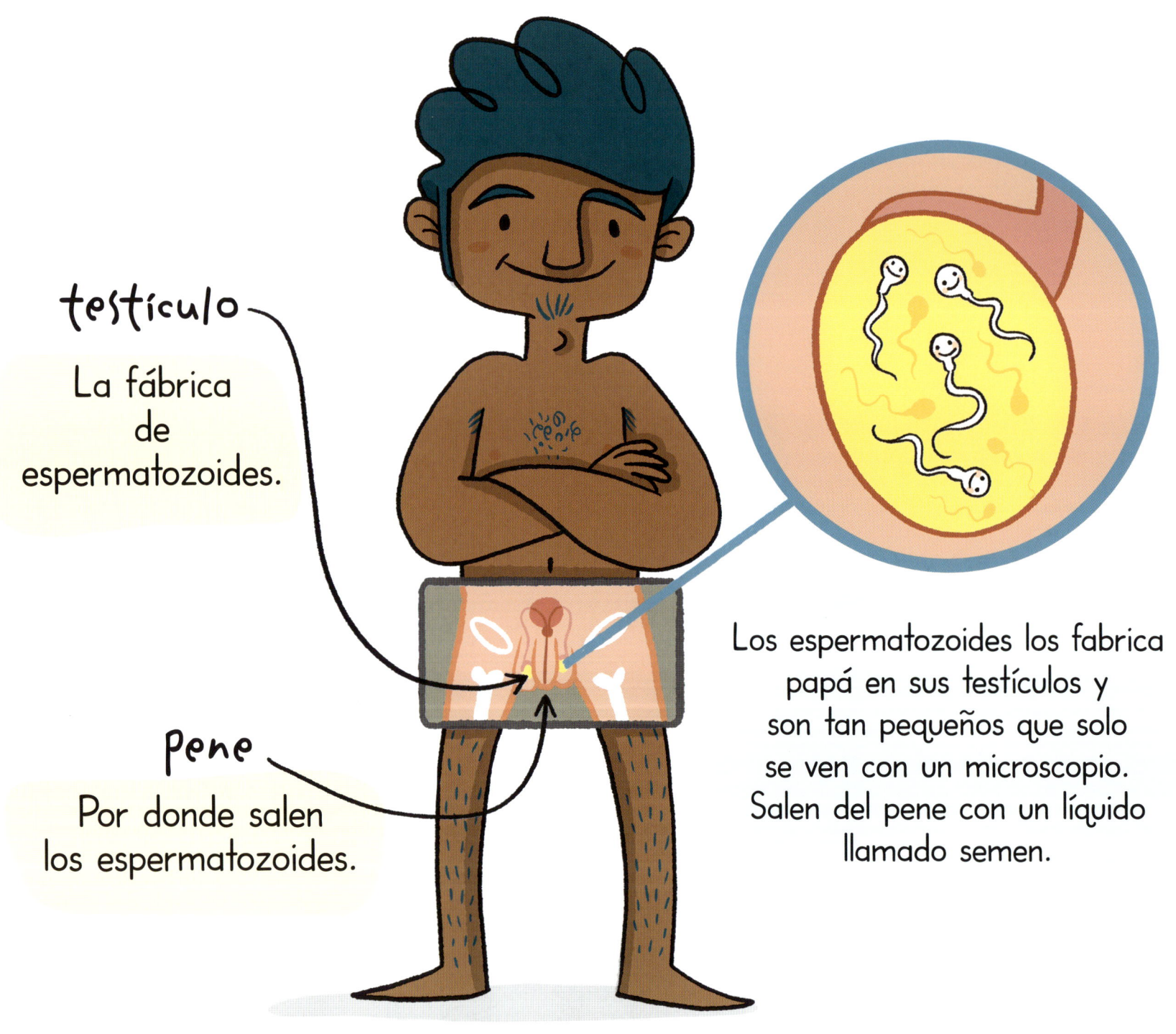

testículo

La fábrica de espermatozoides.

pene

Por donde salen los espermatozoides.

Los espermatozoides los fabrica papá en sus testículos y son tan pequeños que solo se ven con un microscopio. Salen del pene con un líquido llamado semen.

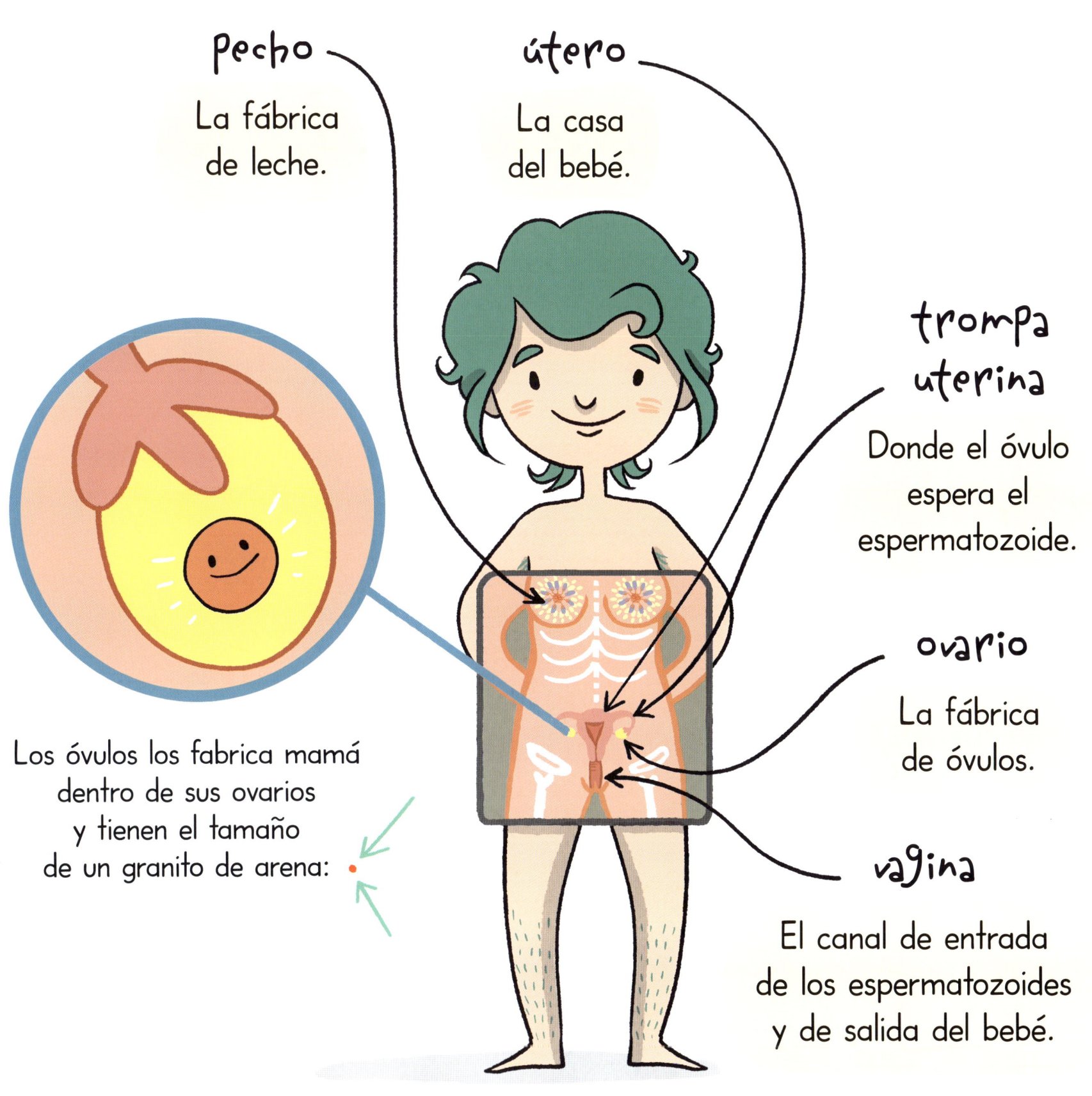

pecho

La fábrica
de leche.

útero

La casa
del bebé.

**trompa
uterina**

Donde el óvulo
espera el
espermatozoide.

ovario

La fábrica
de óvulos.

vagina

El canal de entrada
de los espermatozoides
y de salida del bebé.

Los óvulos los fabrica mamá
dentro de sus ovarios
y tienen el tamaño
de un granito de arena:

¿Y cómo se juntan los ingredientes? Los mamíferos juntamos el óvulo y el espermatozoide copulando: el macho pone el pene erecto dentro de la vagina de la hembra y expulsa el semen.

Pero los seres humanos somos unos animales un tanto especiales y tenemos una manera un poco distinta de copular, porque lo acompañamos de mucho amor, caricias, abrazos, besos y palabras cariñosas. Por eso, no lo llamamos copular, sino hacer el amor.

Una vez los espermatozoides entran en la vagina, empieza la gran aventura: ¡encontrar el óvulo y fusionarse con él! El camino que tienen por delante es tan largo y peligroso que la mayoría morirá en el intento. Por eso papá no manda un solo espermatozoide, ¡sino doscientos millones!

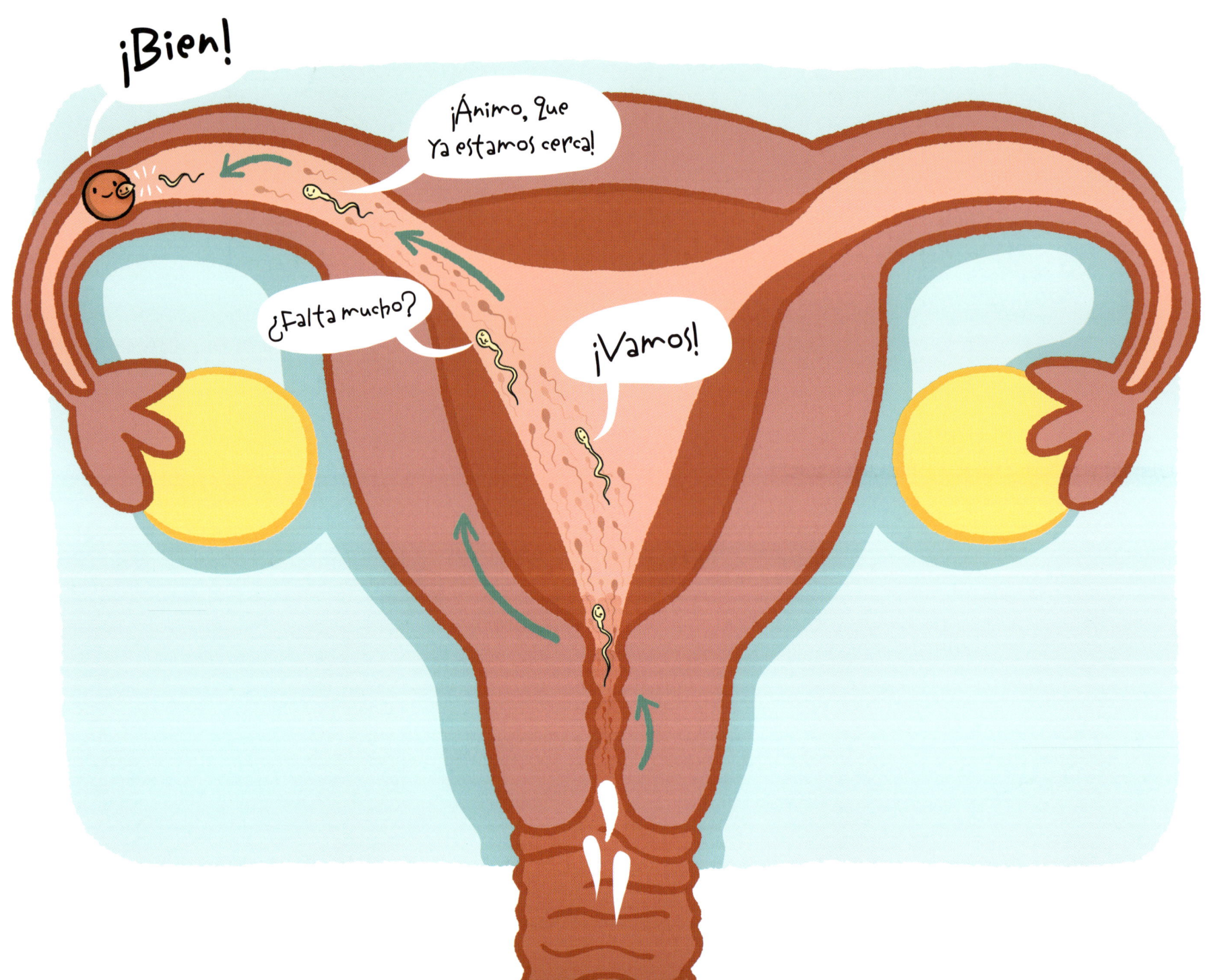

Cuando por fin se fusionan el óvulo y el espermatozoide, decimos que ha tenido lugar la fecundación. Pero la trompa no es un buen lugar para crecer, así que el óvulo fecundado bajará hasta el útero, donde vivirá los siguientes nueve meses.

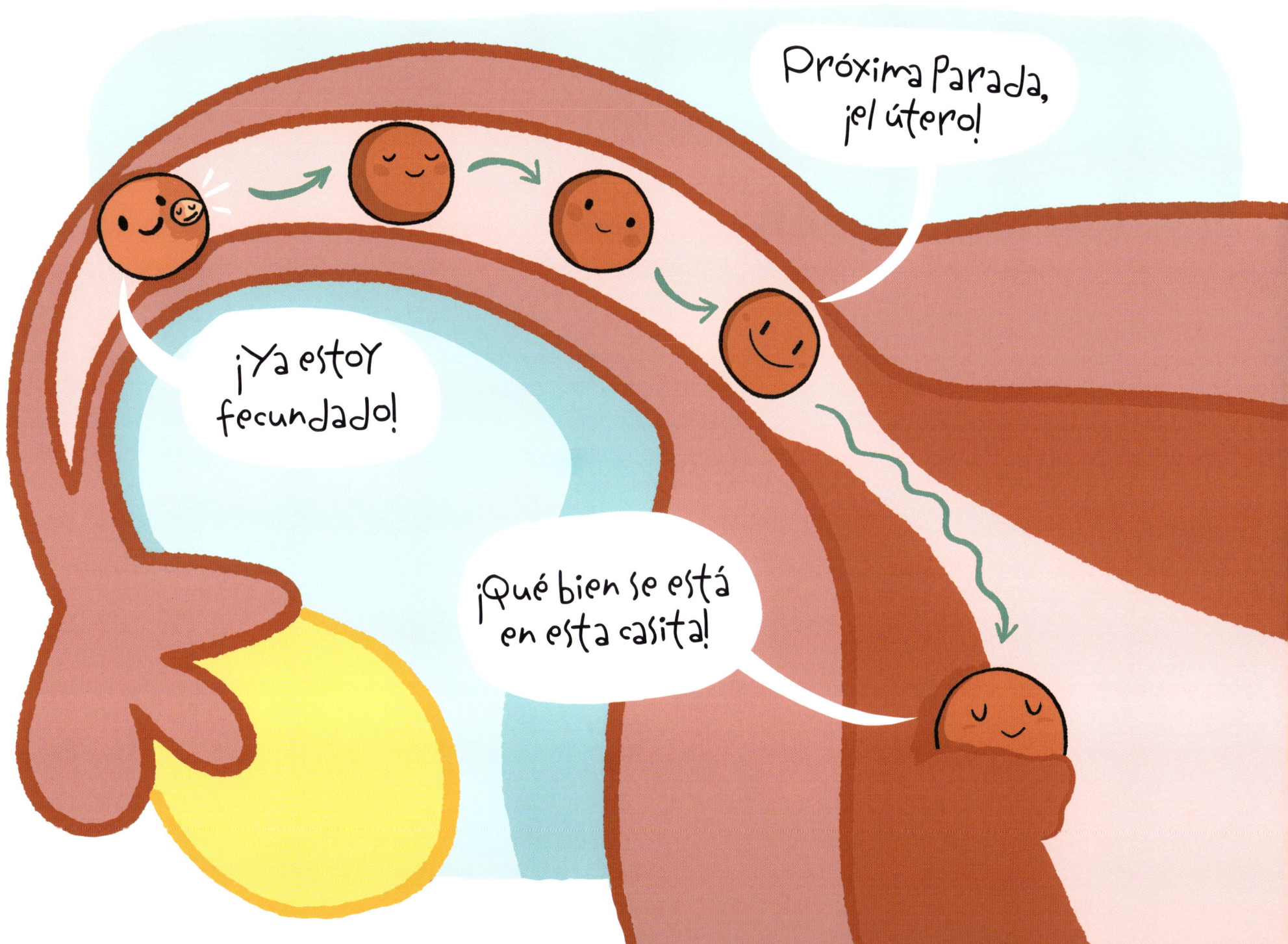

Aunque normalmente los bebés se hacen de uno en uno, a veces también se pueden concebir dos a la vez, ¡e incluso más de dos!

Mellizos

Dos hermanos concebidos al mismo tiempo porque su madre ha sacado dos óvulos a la vez. Por eso no son iguales.

Gemelos

Dos hermanos que vienen de un solo óvulo fecundado que se ha partido en dos. ¡Por eso los gemelos se parecen tanto!

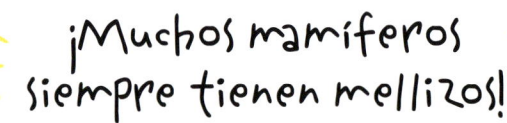

¡Muchos mamíferos siempre tienen mellizos!

Algunas personas piden ayuda a profesionales para tener bebés, porque no logran el embarazo haciendo el amor o porque les falta un ingrediente.

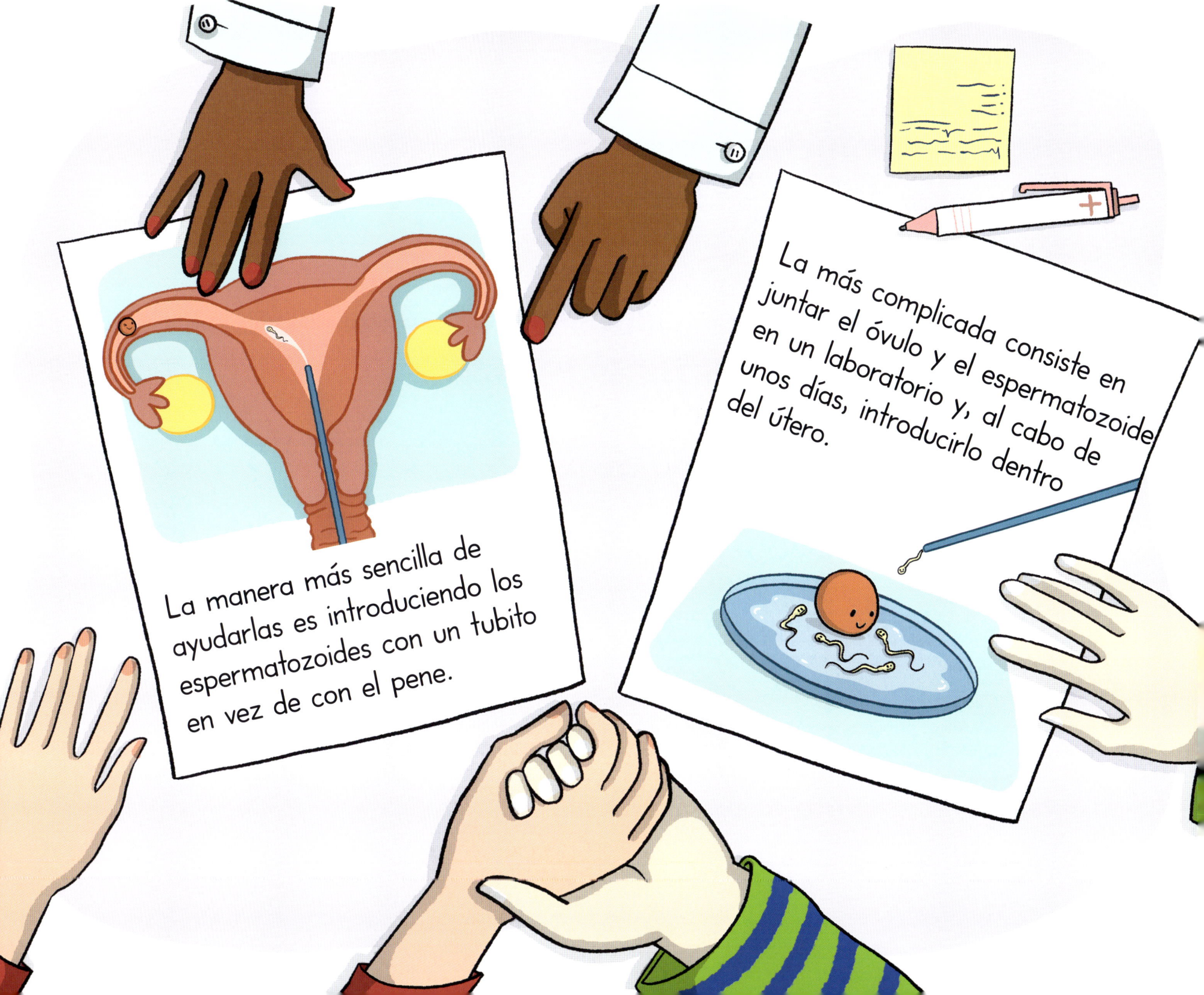

La manera más sencilla de ayudarlas es introduciendo los espermatozoides con un tubito en vez de con el pene.

La más complicada consiste en juntar el óvulo y el espermatozoide en un laboratorio y, al cabo de unos días, introducirlo dentro del útero.

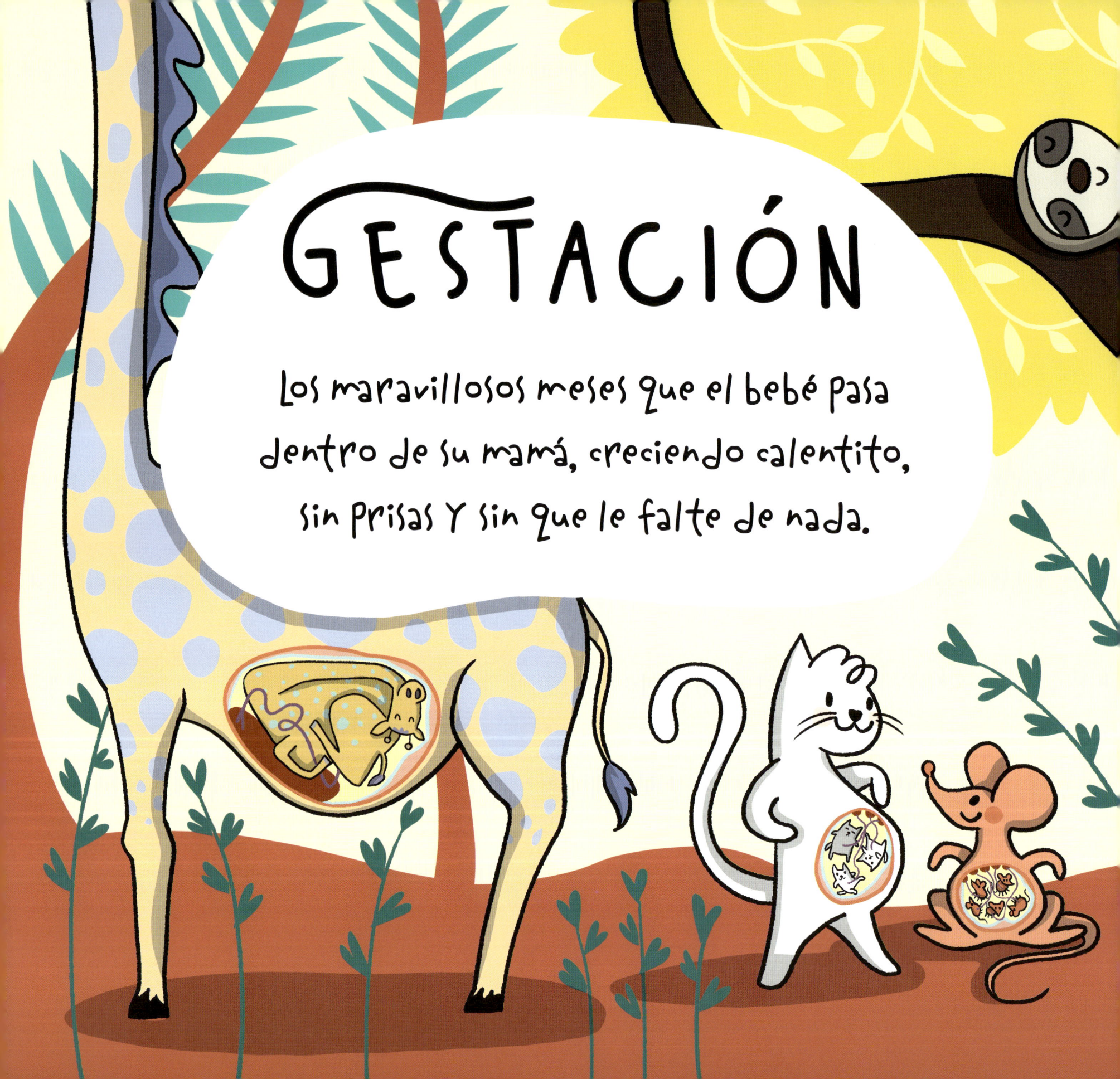

GESTACIÓN

Los maravillosos meses que el bebé pasa dentro de su mamá, creciendo calentito, sin prisas y sin que le falte de nada.

Durante nueve meses, el bebé va creciendo cómodo y calentito en el útero de su mamá, flotando en el líquido amniótico, un agua templadita que lo protege.

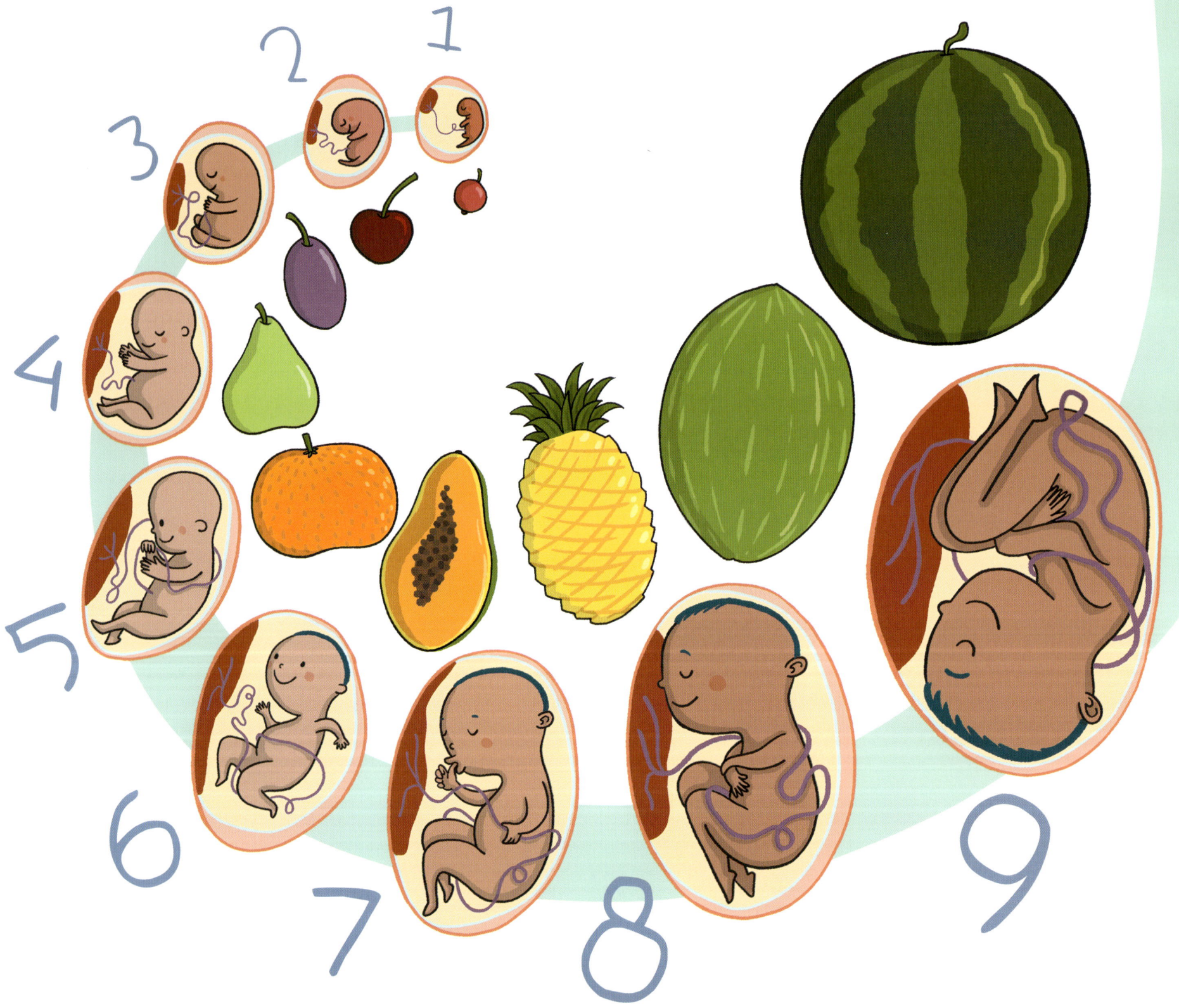

El bebé no come por la boca ni respira por la nariz: ¡lo hace a través del ombligo! Mamá le manda a la placenta todo lo que necesita para crecer, y el bebé lo recoge con el cordón umbilical.

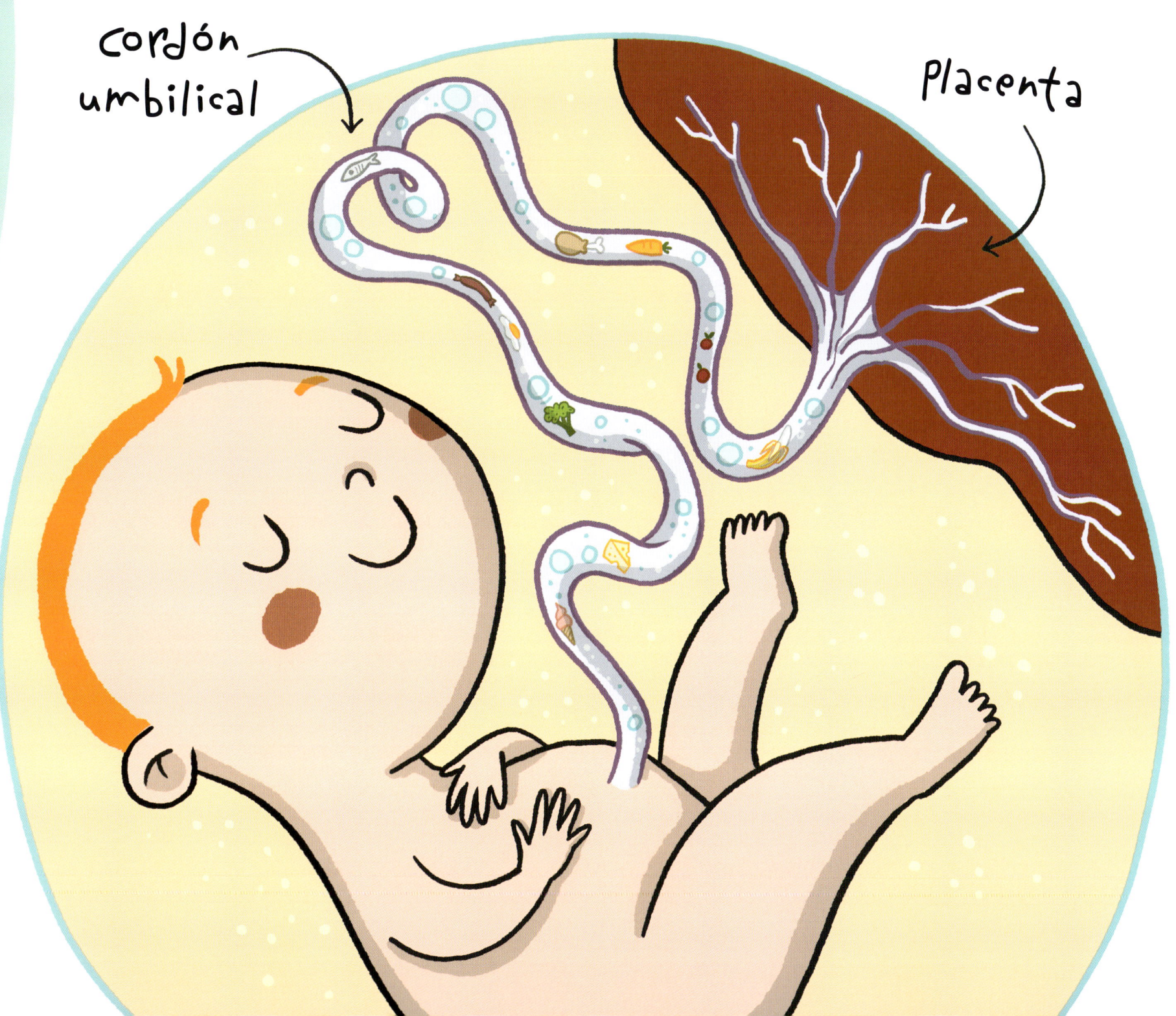

cordón umbilical

Placenta

Mamá se da cuenta de que está embarazada porque no le viene la regla, tiene los pechos grandes y está más cansada. A partir de ahora necesitará dormir mucho, comer bien y estar en forma, porque su cuerpo trabajará todo el día haciendo el bebé. ¡Y eso es una tarea enorme!

Si mamá está tranquila, el bebé también.

Mamá y bebé son como un solo ser.

Siempre van juntos.

Comen lo mismo.

Pero, si mamá cuida del bebé, ¿quién cuida de mamá? Durante el embarazo mamá necesita que toda su familia asuma las tareas que ella ya no puede hacer y que la ayuden a estar sana, fuerte y feliz.

Desgraciadamente, algunos bebés mueren durante la gestación, el parto o poco después. Cuando muere alguien a quien amas, es importante agradecer todo el tiempo compartido, hacer una despedida y expresar las emociones. Mamá necesitará tiempo y amor para recuperarse.

NACIMIENTO

La increíble y sobrecogedora proeza
humana de sacar al bebé del útero.

Cuando el bebé está preparado para nacer, mamá empieza a tener contracciones: su útero se pone duro y hace fuerza para abrirse. Las contracciones son cada vez más seguidas e intensas, hasta que el útero se abre lo suficiente para que pueda pasar el bebé.

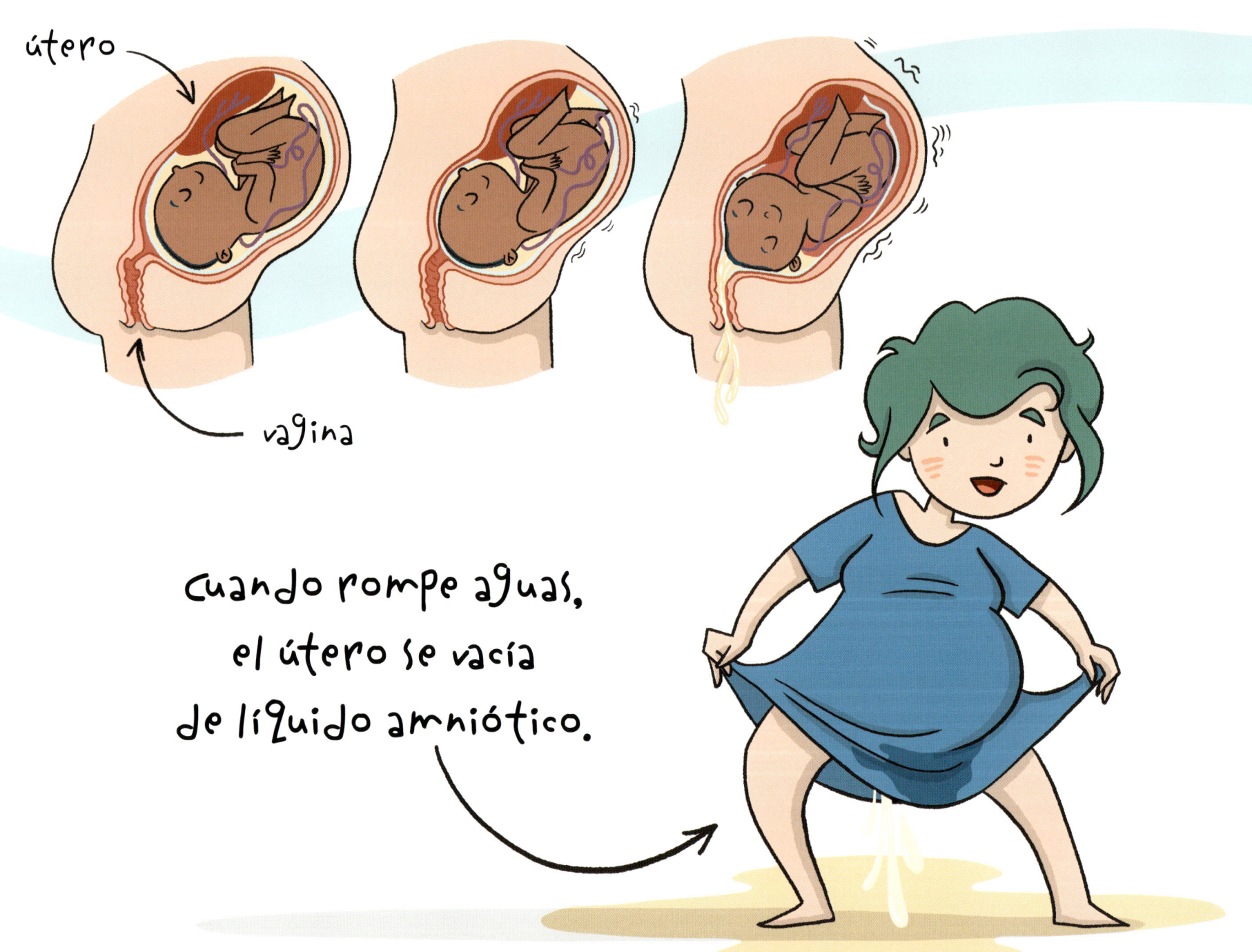

útero

vagina

cuando rompe aguas,
el útero se vacía
de líquido amniótico.

A partir de ese momento, mamá empieza a empujar hacia fuera cada vez que tiene una contracción y, poco a poco, el bebé va saliendo del útero y bajando por la vagina.

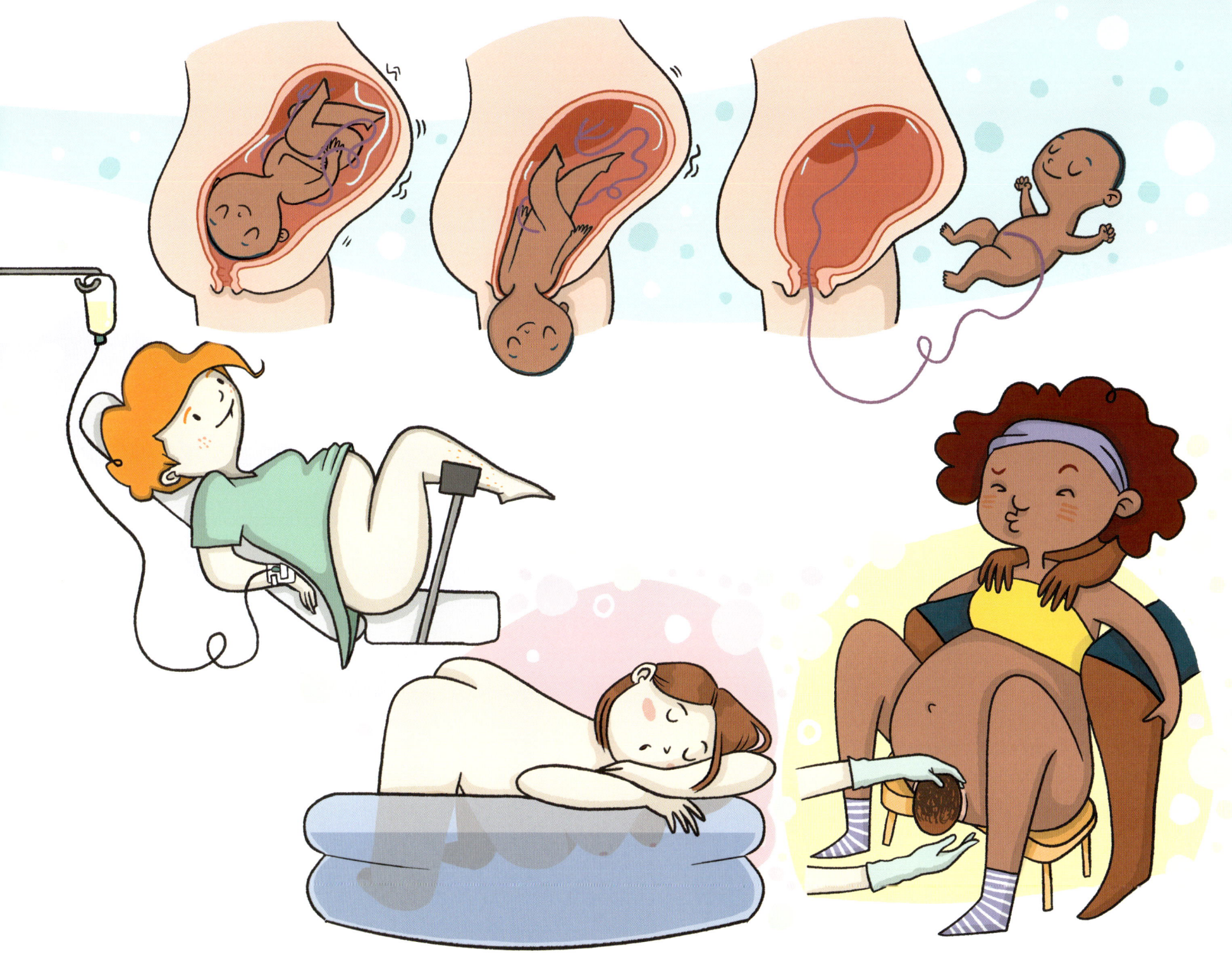

Y finalmente... ¡nace!

¡Es uno de los instantes más mágicos y emocionantes que existen!

Durante los primeros minutos, el bebé aprende a respirar por la nariz tranquilamente, sin prisa, porque sigue recibiendo oxígeno a través del cordón umbilical. Después, el cordón se corta, dejando un trocito colgando. Al cabo de una semana, ese trocito se secará, caerá y aparecerá la cicatriz que llamamos ombligo.

El ombligo es un recuerdo del tiempo en el que vivías dentro de tu mamá.

¡Pero el parto aún no ha terminado!
Al cabo de un rato, vuelven a aparecer
contracciones y se alumbra la placenta.

placenta

cordón
umbilical

Cuando el útero ya está vacío del todo,
mamá y bebé se relajan y se dedican
a conocerse, darse amor y descansar.

Si el parto se complica, se hace una operación llamada cesárea, en la que se realiza un corte en la barriga de mamá y se saca al bebé por ahí.

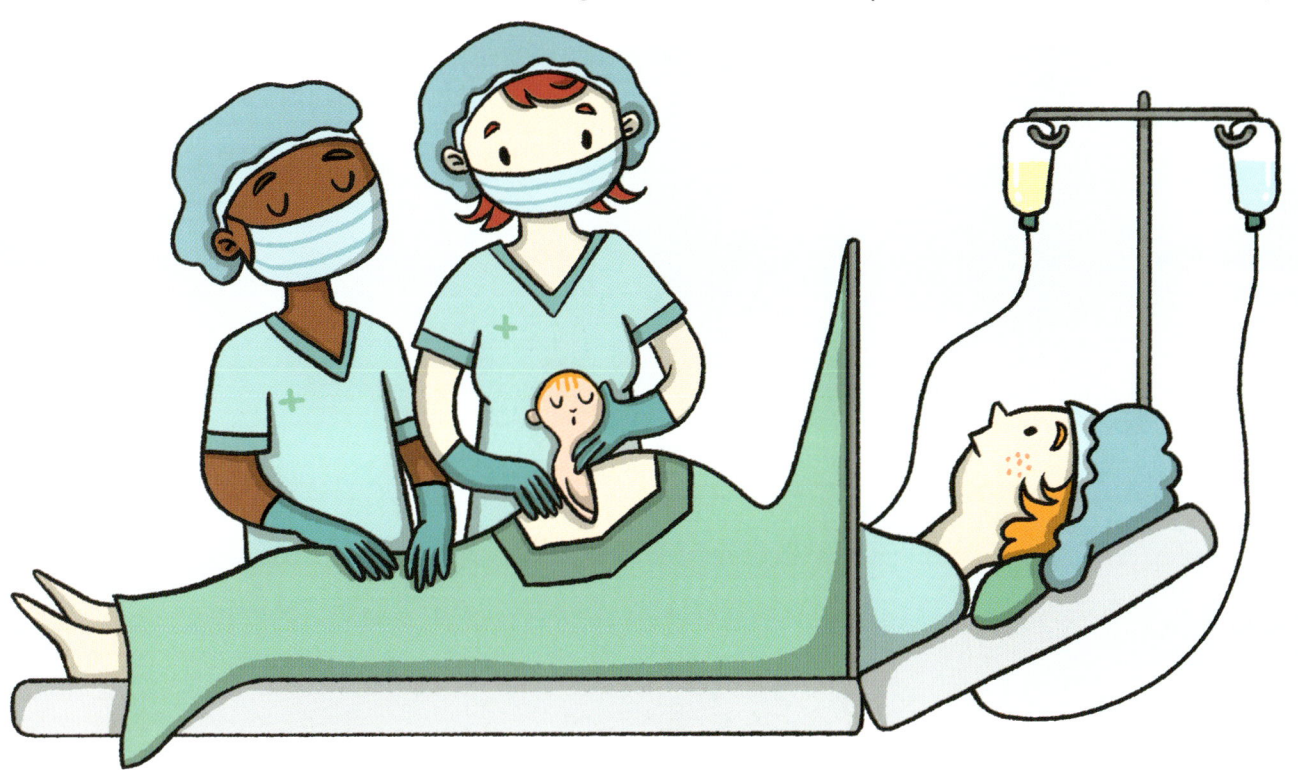

Si el bebé nace antes de tiempo, deberá estar en un sitio igual de calentito que el útero: en una incubadora o haciendo piel con piel con mamá o papá.

LACTANCIA

Los fantásticos años en los que el bebé se alimenta de leche materna y mucho amor.

En cuanto nace, el bebé busca el pecho y empieza a mamar. Los primeros meses, sigue alimentándose solo a través de su mamá y pasando la mayor parte del tiempo encima de ella, ¡como cuando estaba dentro de la barriga!

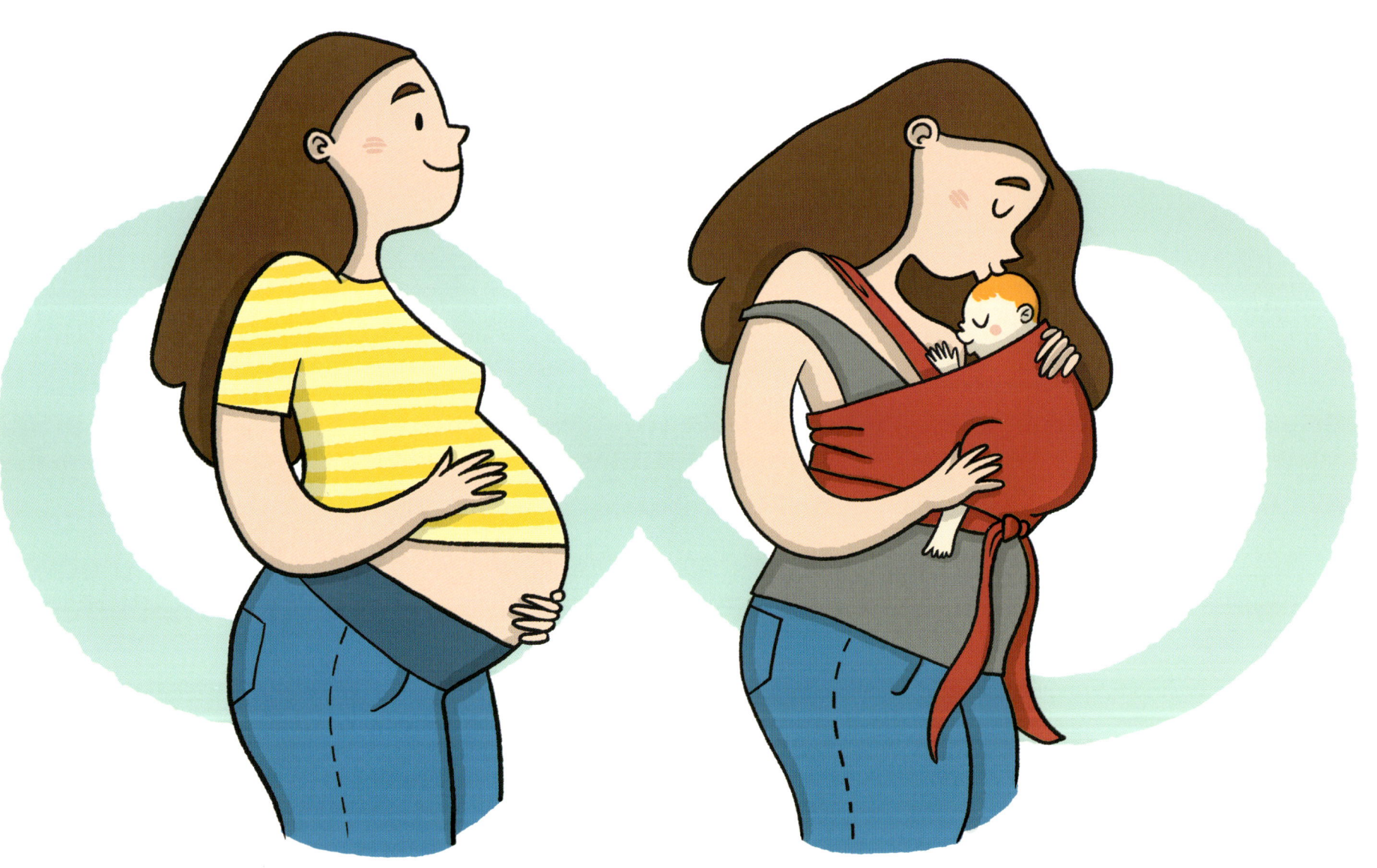

Bebé y mamá ya no están unidos por el cordón, sino por la leche.

Mientras hacen teta, la madre y el bebé están muy relajados y a gusto, y a menudo se quedan dormidos. Son momentos muy placenteros y una de las maneras que tienen de darse amor.

Cada animal fabrica una leche diferente para sus cachorros, con todo lo que necesitan para crecer. Por eso, una jirafa no puede tomar leche de elefanta, ni una foca la de ballena, ni un bebé la de vaca.

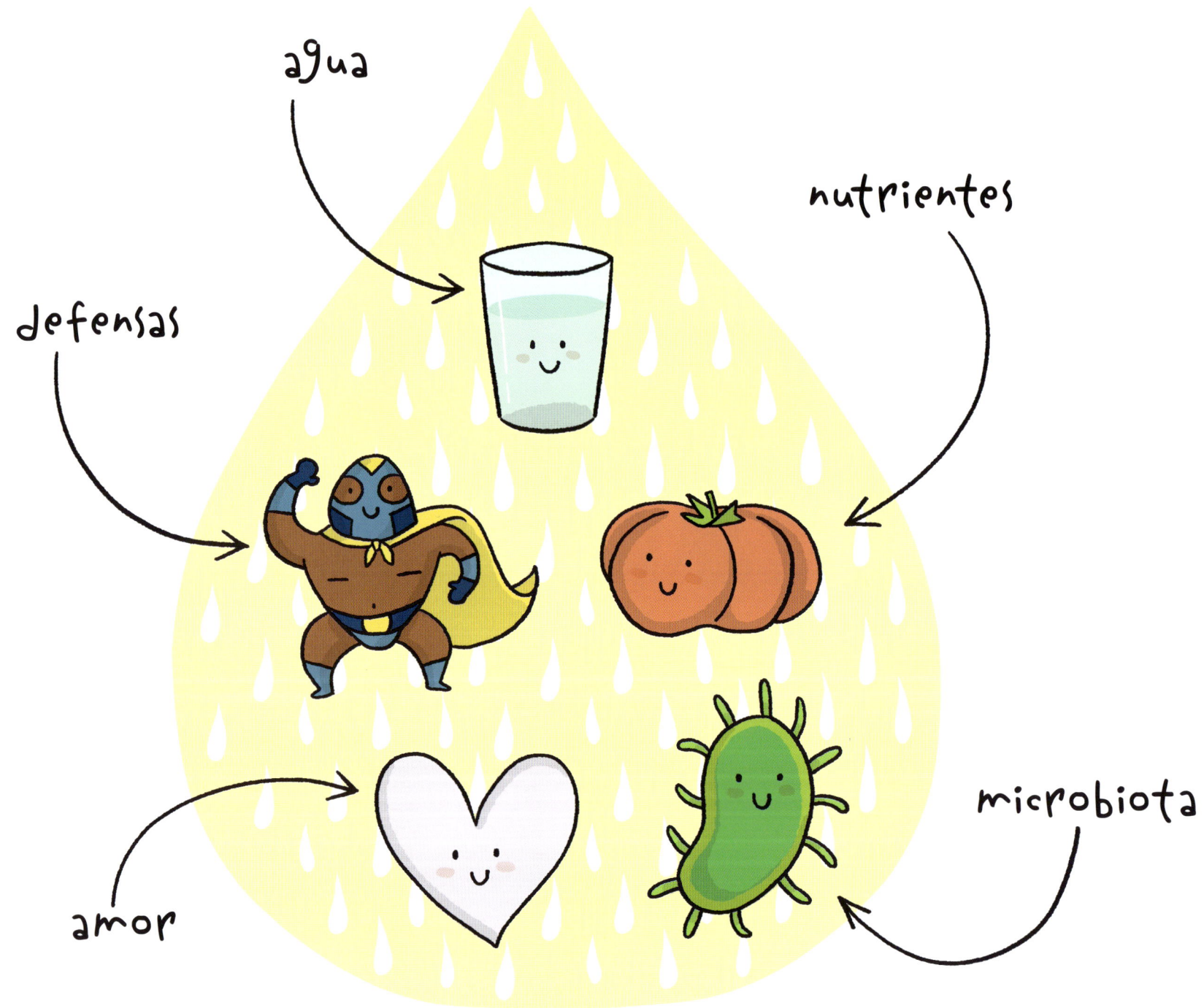

agua

nutrientes

defensas

amor

microbiota

Pero ¿cómo se hace la leche? Dentro de los pechos hay unas glándulas mamarias que son una fábrica de leche asombrosa, porque producen la cantidad y el tipo de leche que el bebé necesita en cada momento.

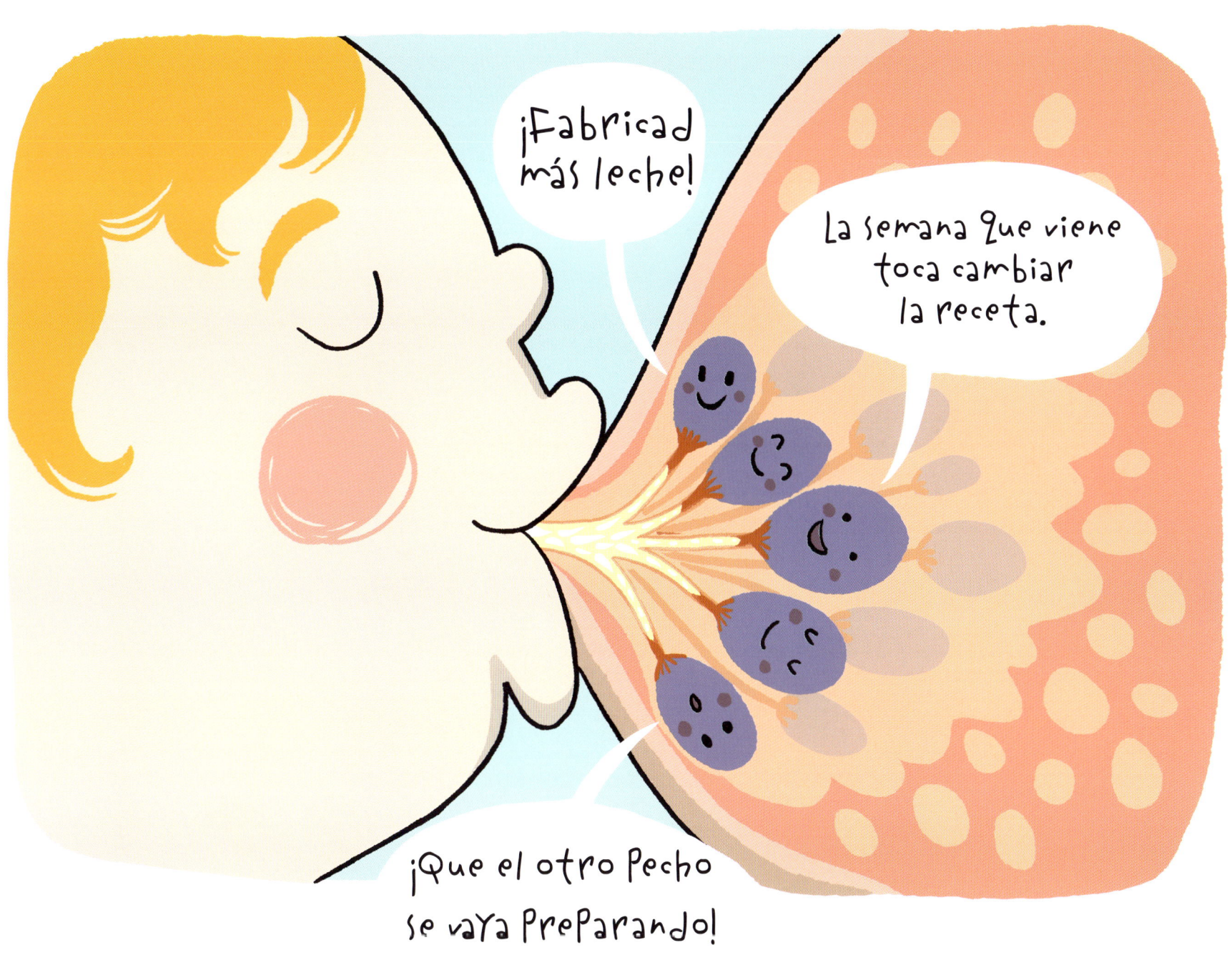

La etapa de lactancia dura unos dos años, y durante este tiempo el bebé crece hasta convertirse en un peque como tú, que corre, habla y come de todo. ¡Es increíble!

Al principio el bebé hace poco más que dormir, mamar y hacer pipí y caca.

Sobre los seis meses empieza a probar alimentos.

A partir del año ya come mucho, pero sigue bebiendo leche.

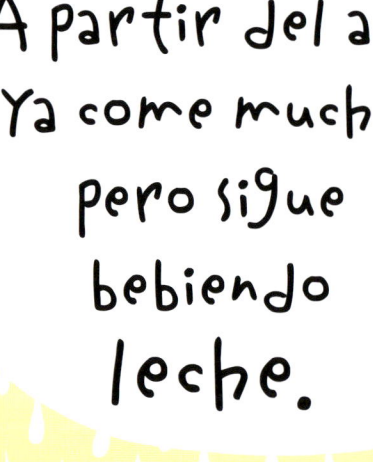

Y un buen día, llega el momento de dejar la teta.

¡Adiós, tetita!

Algunas madres no pueden dar el pecho o no pueden hacerlo siempre que el bebé lo necesita. En estos casos, pueden sacarse leche con un aparato o comprar leche de fórmula y que el bebé se la tome con un biberón.

Ahora ya conoces la increíble historia de cómo se hacen los bebés, es decir, ¡la historia de cómo te hicieron a ti y a todas las personas del mundo! Y como ya sabes lo que cuesta hacer un bebé, no dudes en darles las gracias a todas las personas que han hecho posible que existas.

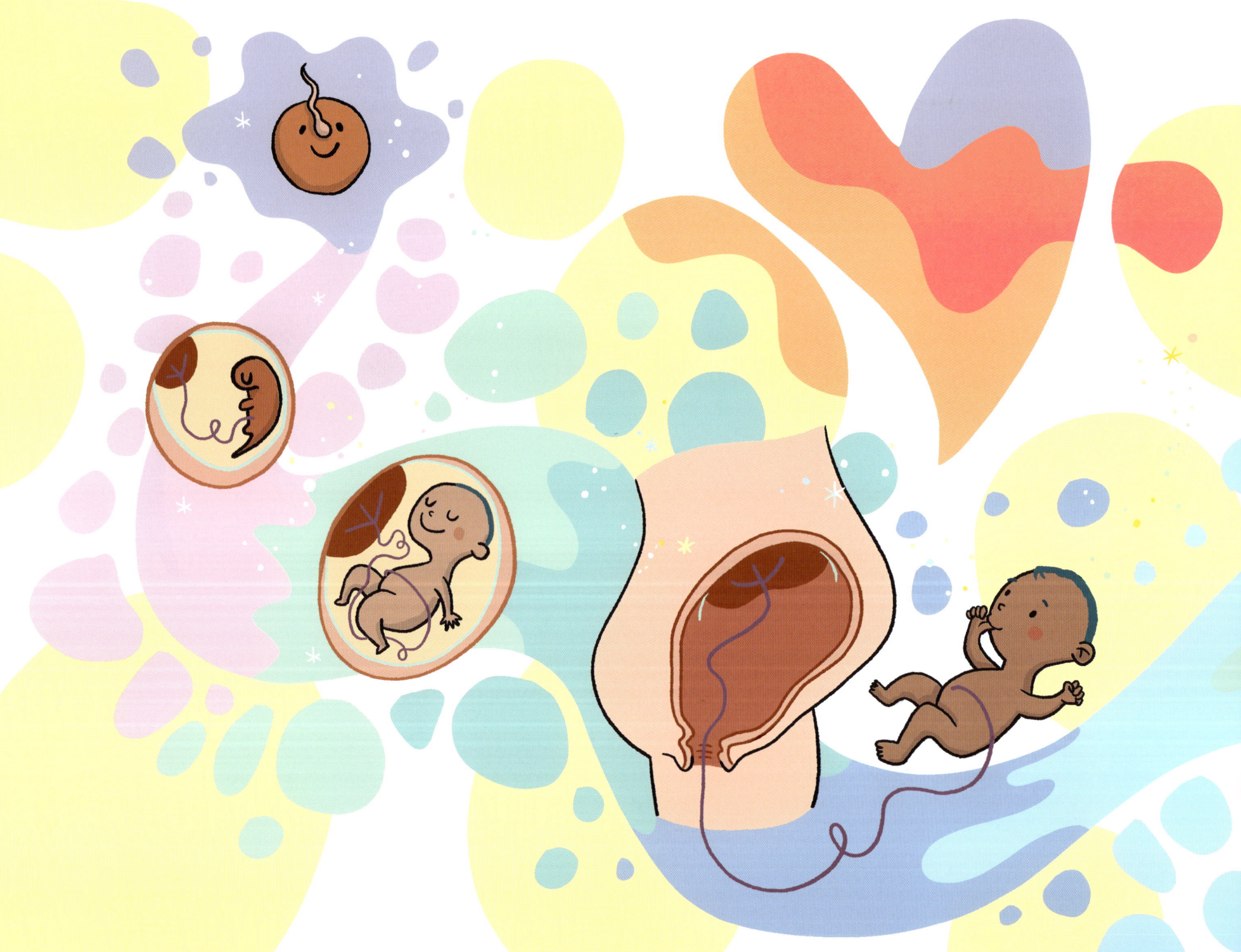

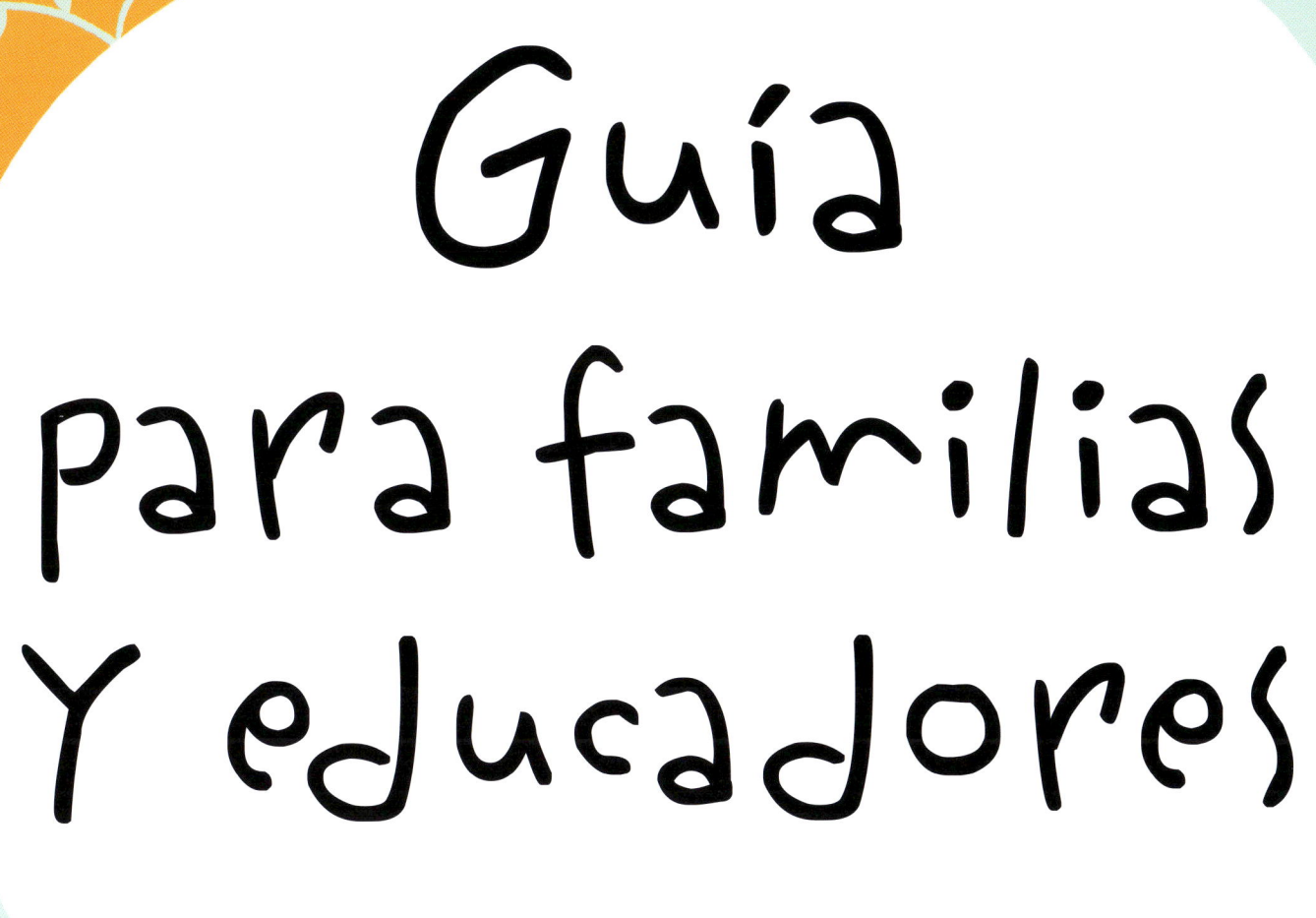

Guía
para familias
y educadores

Este libro es una herramienta para explicar a tus peques la historia más bonita del mundo: la de cómo se hacen los seres humanos. Durante mucho tiempo, nuestra cultura ha considerado que no era adecuado contársela a los niños y niñas, y por eso a muchas familias y educadores aún les cuesta hacerlo.

Para ayudarte a vencer tus miedos y disfrutar de esta historia tan mágica con tus peques, he creado esta guía, en la que respondo a las principales inquietudes y dudas que familias y educadores me plantean en mis charlas.

¿A qué edad se debe explicar la reproducción humana?

La reproducción humana es un tema básico para poder comprender el mundo y las personas. Durante los primeros años de vida, los niños y niñas se preguntan cómo se hacen los bebés, cómo es posible que aparezcan de la nada o que hubiera una época en la que ellos mismos no existían. Si sus familiares y educadores no responden a esta necesidad de educación sexual tan básica, aprenderán a buscar las respuestas en otra parte.

La curiosidad por saber cómo se hacen los bebés es propia de los primeros años de vida y se manifiesta en el mismo momento en que son capaces de hablar: entre los dos y los tres años.

Este tema tan trascendental no se lo plantean a partir de reflexiones sesudas, sino a través de preguntas muy sencillas y cotidianas: ¿cómo ha entrado mi hermano en la barriga de mamá?, ¿por dónde saldrá?, ¿qué come?, ¿hace pipí y caca ahí dentro?, ¿se tira pedos?, ¿a qué sabe la leche materna?, ¿cómo se fabrica?, ¿dónde estaba antes de estar vivo?, ¿qué ocurre cuando muere un bebé?

¿Pueden entender la reproducción humana a una edad tan temprana?

Muchas familias y profesionales se imaginan que cuando hablamos de explicar la reproducción humana a los peques nos referimos a darles una clase magistral de biología con palabras muy técnicas y difíciles de entender, porque es la única explicación que hemos recibido nosotros.

Sin embargo, no tiene por qué explicarse así: la reproducción también se puede explicar de manera sencilla, con un vocabulario familiar y adaptado a su edad. No es necesario que tengan una comprensión completa y detallada de la reproducción humana, sino que empiecen a entender de qué se trata y, sobre todo, que no se convierta en un tema tabú.

Este libro te ayudará a tener recursos para poder hablar de la reproducción de una manera clara, sencilla y divertida.

¿Debo explicarle su propia historia?

La concepción, la gestación, el nacimiento y la lactancia son acontecimientos muy importantes en la vida de una persona, y conocer cómo ocurrieron nos ayudará a comprender nuestra propia biografía. Lo ideal es empezar a contar la maravillosa historia de cómo hicisteis a tu hijo o hija durante sus primeros años de vida. Hemos diseñado este libro para que te sea muy fácil y ameno hacerlo.

A tu peque le encantará que le cuentes su propia historia y te la pedirá muchas veces, porque es un cuento alucinante, pero también porque le ayudará a digerir e integrar estas vivencias tan intensas.

¿Cómo lo hago para que no se haga un lío con tantas maneras de concebir, parir y amamantar?

Para que los peques puedan comprender la reproducción humana es importante partir de nuestra naturaleza mamífera y explicar cómo nos reproducimos como especie, ahora y hace cinco mil años.

A partir de aquí, podemos explicar las diferentes técnicas y productos que hemos inventado para solventar problemas recurrentes: la reproducción asistida, el parto por cesárea, la incubadora, el sacaleches o la leche de fórmula.

¿Cómo incluyo toda la diversidad de familias y experiencias?

La mejor manera de que los niños y niñas aprendan que hay muchas formas de experimentar estos procesos es poniéndoles ejemplos de las personas que conocen, para que esos conceptos abstractos se conviertan en historias concretas, que son mucho más fáciles de entender y recordar.

No hace falta poner todos los ejemplos el primer día, sino que cada vez que lo leáis puedes ir sumando nuevas historias y recordando las que ya le has contado. Las ilustraciones están pensadas para facilitar estas conversaciones.

Si le explico que los bebés se hacen metiendo el pene en la vagina, ¿querrá probarlo?

Este miedo es común entre familias y profesionales. La respuesta es que la inmensa mayoría no quiere probarlo, porque no forma parte de su etapa sexual, pero, aunque quisieran intentarlo no lo lograrían, porque los genitales infantiles no están desarrollados para practicar la penetración.

Aun así, si te inquieta, simplemente tienes que añadir a tu explicación que solo las personas mayores hacen el amor, porque cuando eres pequeño no deseas hacerlo, y ni la vagina ni el pene están preparados para ello. Aprovecha para explicar que antes de la primera regla no hay que introducir nada en la vagina.

¿Qué es lo que debo explicarle sobre su concepción?

Cuando propongo que expliques a tus hijos e hijas cómo los concebiste, no me refiero a explicarles qué prácticas sexuales hiciste esa noche, sino si lo hicisteis haciendo el amor o con ayuda de profesionales, pero también anécdotas entrañables sobre el proceso: si hacía mucho que lo deseabais o llegó por sorpresa, en qué época del año y lugar ocurrió, o cualquier otra cosa que se te ocurra.

Hablar sobre la concepción es bonito y ayuda a que no se construyan tabús alrededor de este tema.

¿Qué le respondo si cuando le explico la concepción me dice que le gustaría verlo?

Algunos niños y niñas quedan tan fascinados por la historia de la concepción que piden a sus padres que les avisen la próxima vez que hagan el amor porque quieren verlo. Esta petición suele bloquear a las personas adultas, que no se esperan una propuesta de esta índole. Sin embargo, su propuesta es de lo más natural e inocente y permite que le expliquemos que no puede estar presente, porque las relaciones sexuales se realizan en la intimidad y no deben hacerse en presencia de peques.

Estas conversaciones son una buena manera de prevenir el abuso sexual infantil: recuérdales a tus peques que las personas adultas nunca pueden hacer conductas sexuales delante de niños y niñas ni adolescentes.

¿A qué edad debería explicarle que lo concebimos por reproducción asistida o que lo adoptamos?

Durante los primeros años de vida las personas construyen su cosmovisión: cómo es el mundo, cómo funciona la vida y cuál es su historia. Si explicamos desde el principio cómo ha sido creado y quiénes son sus padres biológicos, normalizará totalmente su origen, sin que esto le cause rechazo o vergüenza.

En cambio, si crea su cosmovisión bajo la premisa falsa de que sus padres son sus padres biológicos y que lo hicieron haciendo el amor, el día que le contéis la verdad ya de mayor es probable que se sienta engañado y se rompa su confianza en vosotros.

¿Por qué es importante hablar sobre la muerte perinatal con los peques?

La muerte perinatal es un gran tabú en nuestra cultura y acarrea un gran dolor y soledad en las madres y en toda la familia. El silencio que suele acompañarla genera la creencia de que es un fenómeno excepcional, pero no es así: la muerte puede llegar en cualquier momento de la vida, también durante los primeros mil días.

Aprovecha la página del libro en la que hablamos sobre la muerte perinatal para explicar las que han ocurrido en tu familia y entorno cercano. Hablar sobre ello ayudará a tus peques a normalizarla, a tener herramientas para hacerle frente y a conocer su historia familiar.

Estas conversaciones serán muy sanadoras para ti y tu familia.

¿Qué hago si mi vivencia de estos procesos entraña violencia, trauma o mucho dolor?

Si tu concepción, embarazo, parto o lactancia te duele, es importante que la sanes, por tu bien y el de tu familia. Puedes hacerlo por tu cuenta, pero es mucho más fácil y eficiente dejarte ayudar por profesionales.

Para compartir la historia con los peques, es importante que el relato sea verdadero, pero que no sea muy duro. No lo adornes ni lo romantices, solo pasa por alto los aspectos más desagradables y conserva los buenos recuerdos. Por ejemplo, puedes decir que el parto fue muy difícil en vez de que sufriste violencia obstétrica, o que su padre/madre tuvo que irse en vez de que os abandonó.

A medida que vaya creciendo, podrás explicarle más detalles hasta el punto de que llegue a comprender la historia completa de lo ocurrido y lo procese psicológicamente. Si has podido sanar ese episodio de tu vida, podrás detectar los momentos adecuados para aportarle esa información.

¿En qué momento de la gestación debería explicarle que estoy embarazada?

Pocas semanas después de la concepción, las mujeres empezamos a cambiar y los hijos e hijas lo perciben perfectamente; notan que su madre está y se comporta de manera diferente, que duerme muchas horas y que a veces se encuentra mal. Así que es importante que tu peque entienda a qué se debe este cambio.

Saber de este embarazo también ayuda a que, en el caso de que el bebé muera, tu peque pueda entender lo que está pasando a su alrededor y pueda hacer su propio duelo.

Compartir con tus hijos e hijas tanto la alegría del embarazo como la tristeza del duelo es una experiencia preciosa para toda la familia, de modo que te recomiendo que le expliques que estás embarazada desde las primeras semanas de gestación.

EDUCACIÓN SEXUAL PARA TODAS LAS EDADES

Descubre los libros de la colección

MENSTRUITA

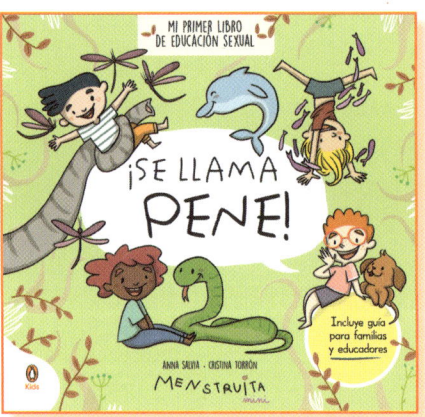 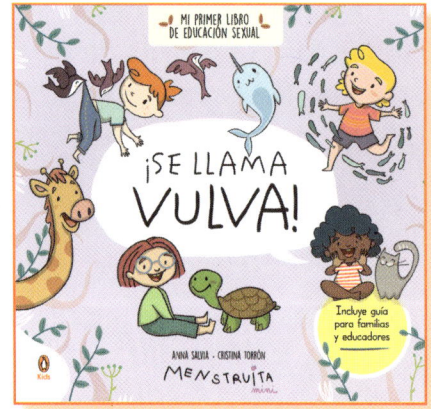

Un álbum necesario para conocer el pene y la vulva
y entender el cuerpo humano.

A partir de 9 años

El libro imprescindible para saberlo todo sobre la menstruación y la pubertad.

Un libro clave para aprenderlo todo sobre el semen y la pubertad.

Un libro indispensable para que las chicas establezcan una relación sana con su cuerpo.